SCHOLASTIC **explora tu mundo**™

Vehículos de emergencia

Penelope Arlon
y Tory Gordon-Harris

Explora un poco más con el libro digital complementario gratis.

ibruuum!

vehículos de emergencia en acción

¡Actividades!

¡Sonidos!

¡Elementos interactivos!

¡Videos!

Para descargar el libro digital, visita el sitio de Internet en inglés **www.scholastic.com/discovermore**

Escribe este código: RMJGCPF4WD49

Contenido

Literacy Consultant: Barbara Russ, 21st Century Community Learning Center Director for Winooski (Vermont) School District

Originally published in English as *Scholastic Discover More™: Emergency Vehicles*

Copyright © 2013 by Scholastic Inc.

Translation copyright © 2013 by Scholastic Inc.

ISBN 978-0-545-56562-2

10 9 8 7 6 5 4 3 2 1   13 14 15 16 17

Printed in Malaysia   108

First Spanish edition, September 2013

Scholastic hace esfuerzos constantes por reducir el impacto ecológico de nuestros procesos de manufactura. Para ver nuestras normas para la obtención de papel, visite www.scholastic.com/paperpolicy.

¡Auxilio!

Si necesitas ayuda, los vehículos de emergencia siempre están listos para acudir al rescate.

Para pedir ayuda, llama al 911.

Rescate en tierra

Los policías van en sus autos a donde ocurra un accidente.

Las motocicletas van entre el tráfico al lugar del accidente.

En los aeropuertos se usan camiones de bomberos especiales.

Rescate en el mar

Rescate por aire

Los aviones y los helicópteros pueden explorar desde el aire y llegar a lugares remotos.

Los camiones de bomberos tienen equipos de rescate.

La policía a veces usa vehículos todo-terreno.

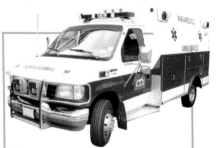

Las ambulancias son como minihospitales sobre ruedas.

Para los rescates en el mar se usan muchas embarcaciones diferentes. Y muchas veces se usan en coordinación con naves aéreas.

Auto de policía

Los veloces autos de policía muchas veces son los primeros en llegar.

El policía puede ver los datos de una persona o un auto al instante en la computadora de su vehículo.

Los autos de policía tienen motores potentes que los hacen muy veloces.

POLICE LINE DO NOT

Australia

Polonia

China

Italia

Los autos de policía son fáciles de identificar. En cada país se usan elementos diferentes para distinguirlos.

botiquín de primeros auxilios, herramientas y chalecos antibalas en el baúl

CROSS

Vehículos de policía

La policía usa una gran variedad de vehículos.

Un policía patrulla las calles en su triciclo motorizado.

Las unidades móviles de control tienen oficinas.

La bicicleta es ideal para las ciudades.

La policía usa motos acuáticas para patrullar ríos y canales.

Si hay un embotellamiento, las motocicletas de la policía pueden avanzar entre el tráfico y llegar al sitio donde ha ocurrido un accidente.

A veces la policía usa Segways para patrullar las calles.

A veces es más fácil cruzar la ciudad en barco.

Para controlar multitudes, van a caballo.

Y usan autobuses para transportar a los delincuentes.

Policía del aire

¡Emergencia! Se ha escapado un delincuente. Ahí sale el helicóptero de la policía a buscarlo.

El helicóptero sirve para guiar a los autos de la policía que persiguen al delincuente en tierra.

El helicóptero lleva una cámara en la parte inferior que filma lo que sucede para que la tripulación y los policías en tierra lo vean.

cámara

Una cámara térmica puede localizar un auto o una persona en la oscuridad.

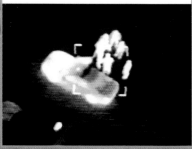

Cuando detectan al delincuente, lo iluminan con un reflector para ver a dónde va.

A veces los policías le hablan al delincuente al que persiguen con un altavoz.

¡Fuego!

Hay un incendio. ¡Llamen a los bomberos!

El camión de bomberos tiene herramientas para cortar, reflectores, equipo de oxígeno, mangueras y muchas cosas más.

12

manguera

hacha

El camión de bomberos tiene su propio tanque de agua. También puede usar el agua de los hidrantes o incluso de una piscina para apagar un incendio.

Los bomberos suben por la escalera del camión para apagar el fuego o rescatar a las víctimas.

Los bomberos echan agua al fuego desde el suelo.

También le echan agua desde lo alto de la escalera.

13

Barco de bomberos

Cuando hay un incendio
en el mar, los barcos de
bomberos van a apagarlo.

barco
incendiado

OC-13

¡Auxilio! Hay un incendio en la plataforma petrolera.

Ya viene el barco de bomberos con equipos de rescate.

Rocía una espuma para apagar el petróleo ardiente.

Los barcos de bomberos pueden lanzar agua a 400 pies (122 m) de distancia.

Algunos barcos de bomberos usan agua de mar, por lo que pueden echar agua al fuego por horas.

barco de bomberos

OC-13

НАДЕЖДА

15

Superscooper

¡Hay un incendio forestal!
Mira como este increíble
avión recoge el agua
y la echa sobre
las llamas.

El avión Superscooper
puede abastecerse y
echar agua sobre el
incendio hasta 9 veces
en una hora.

El avión anfibio Superscooper se desliza sobre el agua y se abastece de ella en 12 segundos.

Sin detenerse, regresa al lugar del incendio y deja caer el agua que recogió sobre las llamas.

El avión resiste las ráfagas de viento que soplan sobre los incendios forestales.

Bote salvavidas

Los accidentes en el mar suelen ocurrir en las tormentas, por eso los botes salvavidas deben ser muy fuertes.

El bote salvavidas lleva lo necesario para curar a las víctimas y protegerlas del frío y del agua.

salvavidas

manta

botiquín de primeros auxilios

Si este bote salvavidas es volteado por las olas, puede por sí solo volver a enderezarse.

Un tractor remolca el bote salvavidas en tierra.

Rescate en el mar

¡Socorro! Piden auxilio en el mar.
¡Que salgan los botes salvavidas!

¡Auxilio!

Este bote se ha volcado. La tripulación pide ayuda e infla una pequeña balsa salvavidas en el agua.

Botadura

En la estación de rescate se recibe la señal de socorro o llamada de auxilio, y botan al agua un bote salvavidas por una rampa.

Este pequeño bote salvavidas inflable puede salir desde una playa y atracar en ella también.

Los marineros del barco accidentado pueden lanzar luces de Bengala para indicar a los rescatistas dónde están.

chaleco salvavidas

En camino

Los pequeños botes inflables se pueden llevar en un barco más grande, y luego se echan al agua para rescatar a las víctimas.

Rescate

Los buzos rescatistas usan un equipo llamado NewtSuit con el que pueden bajar hasta 820 pies (250 m) de profundidad.

Los rescatistas usan chalecos salvavidas y cascos.

Rescate por aire

¡Hombre al agua! Envíen los equipos de rescate por mar y aire.

El helicóptero de rescate trabaja con los botes salvavidas en una emergencia.

Algunos helicópteros pueden aterrizar en el agua y despegar desde ella.

A este herido lo suben al helicóptero en una camilla, con ayuda de un cabrestante, para llevarlo a tierra.

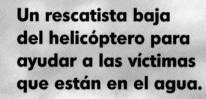

Un rescatista baja del helicóptero para ayudar a las víctimas que están en el agua.

Ambulancia

motocicleta de rescate

Cuando alguien se enferma de repente o sufre un accidente, se llama a la ambulancia.

La ambulancia hace sonar la sirena y enciende las luces de emergencia para que los otros vehículos la dejen pasar.

La operadora del 911 recibe una llamada y anota los detalles.

Una ambulancia con equipos médicos sale al rescate.

Si la persona está muy enferma, la llevan a un hospital.

El chofer y los tripulantes de la ambulancia son paramédicos entrenados para ayudar en emergencias médicas.

Médicos del aire

Si un vehículo terrestre no puede llegar a donde está el paciente, los doctores van en avión.

altura:
35.000 pies (10.670 m)

En el avión ambulancia viajan el piloto, un médico y un enfermero.

En Australia, muchas personas viven lejos de los hospitales.

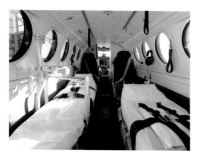

Un avión ambulancia, lleno de equipos médicos, sale a buscar a un paciente.

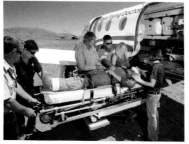

Sujetan al paciente a la camilla para que no se vaya a caer durante el vuelo.

En el aire, los equipos médicos envían información sobre el paciente al hospital.

En la pista espera una ambulancia para llevar al paciente al hospital más cercano.

Búsqueda y rescate

Ya sea en una montaña, en el hielo o en un pantano, siempre hay un vehículo de rescate listo para entrar en acción.

El hidrocóptero puede viajar sobre el hielo, el agua, la nieve y la tierra.

Montaña

A veces la única manera de hacer un rescate en las montañas es con un helicóptero.

Mar

Los hidroaviones pueden despegar y aterrizar en el agua. Y pueden llevar a varias personas a la vez.

Inundación

Los hidrodeslizadores tienen el fondo plano para deslizarse sobre los pantanos y el agua.

Hielo y nieve

En las frías aguas del Ártico, el hidrocóptero es el mejor vehículo para realizar un rescate.

Glosario

Ártico
Área muy fría alrededor del Polo Norte.

auxilio / socorro
Palabras que se usan para pedir ayuda en casos de emergencia.

cabrestante
Equipo con poleas y cables, cuerdas o cadenas que se usa para alzar objetos pesados.

cámara térmica
Cámara que detecta el calor que despiden los cuerpos y lo convierte en imágenes.

camilla
Cama portátil que se usa para transportar a una persona enferma.

equipo de oxígeno
Equipo que usan los rescatistas para respirar en medio del humo.

hidrante
Tubo conectado al suministro de agua al que se pueden conectar mangueras para apagar incendios.

luz de Bengala
Fuego artificial que se lanza para pedir ayuda.

Dos bomberos sostienen la manguera para echar el agua.

paciente
Persona enferma a la que tratan los médicos.

paramédico
Persona entrenada para brindar ayuda médica antes o durante el viaje al hospital.

reflector
Aparato que produce un poderoso haz de luz.

salvavidas
Anillo o chaleco que flota en el agua y evita que la persona que lo usa se hunda.

sirena
Equipo que produce un sonido muy potente para llamar la atención de las personas.

volcarse
Voltearse hacia un lado o hacia abajo, como les sucede a veces a los botes.

El bombero cubre a la niña con una manta para protegerla del frío.

Índice

Agradecimientos

Directora de arte: Bryn Walls
Diseñadora: Ali Scrivens
Editora general: Miranda Smith
Editora de producción: Stephanie Engel
Editora en EE.UU.: Esther Lin
Editores en español: María Domínguez, J.P. Lombana
Diseñadora de la cubierta: Neal Cobourne
DTP: John Goldsmid
Editor de fotografía digital: Stephen Chin
Editora de contenido visual: Diane Allford-Trotman
Director ejecutivo de fotografía, Scholastic: Steve Diamond

Créditos fotográficos
1: George Doyle/Thinkstock; 3: mladn61/iStockphoto; 4–5 (background): Smit/Shutterstock; 4tr: George Doyle & Ciaran Griffin/Thinkstock; 4cl: Tupungato/Dreamstime; 4cm: Oleksiy Maksymenko Photography/Alamy; 4cr: Ron Brown/SuperStock; 4bc: Faraways/Shutterstock; 4br: Thinkstock; 5tl: Tupungato/Shutterstock; 5tc: VMJones/iStockphoto; 5tr: Jupiterimages/Thinkstock; 5cl: ryasick/iStockphoto; 5cm: Albert Campbell/Shutterstock; 5cr: Comstock/Thinkstock; 5bl: Jinny Goodman/Alamy; 5br: RNLI/Nicholas Leach; 6–7 (background): Kellie L. Folkerts/Shutterstock; 6–7 (police tape): carl ballou/Shutterstock; 6tc: Media Bakery; 7tl: Tupungato/Dreamstime; 7tcl: Rkaphotography/Dreamstime; 7tcr: Zhongfei Li/Dreamstime; 7tr: Korisei/Dreamstime; 7br: Zhou Peng/Dreamstime; 8t: Simon Hadley/Alamy; 8bl: Bill Scott/Getty Images; 8bcl: JFLAURIN/iStockphoto; 8bcr: Loic

Bernard/iStockphoto; 8br: Jack Sullivan/Alamy; 9t: Oleksiy Maksymenko Photography/Alamy; 9bl: Media Bakery; 9bcl: AdShooter/iStockphoto; 9bcr: Eugene Hoshiko/Associated Press; 9br: CulturalEyes-AusSoc/Alamy; 10–11: Mario Tama/Getty Images; 11tr: Spacephotos/age fotostock; 11bl: SHOUT/Alamy; 11bc: David McNew/Getty Images; 11br, 12tl: Thinkstock; 12bl: Hemera/Thinkstock; 12–13 (fire truck): ryasick/iStockphoto; 13 (fire and ladder): Kazela/Shutterstock; 13tc: iStockphoto/Thinkstock; 13tr: Hemera/Thinkstock; 13bc: Shaun Lowe/iStockphoto; 13br: iStockphoto/Thinkstock; 14–15: RIA Novosti/Photo Researchers, Inc.; 15tl: Leo Francini/Shutterstock; 15tc: iStockphoto/Thinkstock; 15tr: Photo Researchers, Inc.; 16–17 (background and plane): Kevork Djansezian/Associated Press; 16 (plane): nadirco/Shutterstock; 17tl, 17tr: ChinellatoPhoto/Shutterstock; 18–19: Bob Barnes/Alamy; 19tl: iStockphoto/Thinkstock; 19tc: Mark Stout/Shutterstock; 19tr: pagadesign/iStockphoto; 20cl: Tobias Bernhard/Corbis; 20cr: marc macdonald/Alamy; 20–21 (lifeboat and water): Bob Barnes/Alamy; 21tl: Dick Luria/Thinkstock; 21tr: Stockbyte/Thinkstock; 21cl: Roy Childs/Alamy; 21cr: Alexis Rosenfeld/Photo Researchers, Inc.; 21br: keith morris/Alamy; 22–23: RNLI/Sam Jones; 22cl: iStockphoto/Thinkstock; 22cm: United States Coast Guard; 22cr: iStockphoto/Thinkstock; 24tl: one-image photography/Alamy; 24b: George Doyle/Thinkstock; 25tl: Comstock/Thinkstock; 25tc: Hemera/Thinkstock; 25tr: Comstock/Thinkstock; 25b: Stockbyte/Thinkstock; 26–27: State Library of Western Australia; 27cl, 27cm, 27cr: Royal Flying Doctors Service; 27b: Robert Harding Picture Library/SuperStock; 28–29: Arctic Ant Ltd; 28bl, 28br: iStockphoto/Thinkstock; 29bl: Bill Haber/Associated Press; 29br: Arctic Ant Ltd; 30: Peter Hvizdak/The Image Works; 31: Michael Courtney/iStockphoto.

Créditos de la cubierta
Front cover: (tl) Daniel Cardiff/iStockphoto; (tr) Cafebeanz Company/Dreamstime; (c) Terifrancis/Dreamstime; (c background) javarman/Shutterstock.
Back cover: (computer monitor) Manaemedia/Dreamstime.